Hoff Gerddi Serch Cymru

Hoff Gerddi Serch Cymru

Golygwyd gan
BETHAN MAIR

GOMER

Argraffiad cyntaf – 2002

ISBN 1 84323 014 3

Dymuna'r cyhoeddwyr gydnabod cymorth Cyngor Llyfrau Cymru.

Argraffwyd yng Nghymru gan
Wasg Gomer, Llandysul, Ceredigion

Diolch

i bobl Cymru a ddanfonodd eu henwebiadau a'u hawgrymiadau;

i'r beirdd a'r gweisg am roi eu caniatâd i atgynyrchu'r cerddi;

i Mam, am fod wedi anghofio mwy nag a ddysga' i fyth!

i Mairwen a Meinir am y gefnogaeth ac i Leisiau Lliw am ganu cyfeiliant i'r cyfan.

RHAGAIR

Croeso i flodeugerdd newydd o farddoniaeth boblogaidd. O ganlyniad i lwyddiant ysgubol *Hoff Gerddi Cymru* (Gwasg Gomer, 2000), dyma feddwl gwneud casgliad arall, ond un thematig y tro hwn. Aethpwyd ati i holi pobl Cymru am eu hoff gerddi serch a rhamant, ac wedi hir bendroni, dyma'r canlyniad.

Yn wahanol i'r casgliad o hoff gerddi a wnaethom yn 2000, nid yw'r cerddi a gasglwyd yn y gyfrol hon yn dilyn trefn ffafriaeth; gan mai un yn unig a enwebodd sawl un o'r cerddi hyn, a chan mai fi a ddewisiodd ambell un arall, teimlwn nad oedd hi mor briodol eu rhoi ar ffurf *top-ten*. Daeth yn amlwg, serch hynny, bod yna hoff gerddi pendant, gyda 'Rhieingerdd' John Morris-Jones, 'Yr Wylan' Dafydd ap Gwilym a 'Lleucu Llwyd' Dewi Pws yn enwau a ymddangosodd ar ffurflenni enwebu, llythyron a negeseuon e-bost drosodd a thro. Mae'n amlwg hefyd fod sawl hoff fardd serch yng Nghymru, gan gynnwys Iwan Llwyd, Myrddin ap Dafydd a Dafydd Iwan. Trodd sawl enwebydd at eu cof ac at y traddodiad gwerin i ganfod cerddi serch grymus a nwydus gan fardd mwyaf toreithiog Cymru, Anhysbys!

Mae cerddi sy'n rhychwantu'r canrifoedd yn y casgliad hwn, peth na welwyd yn *Hoff Gerddi Cymru*. Mae'r gerdd serch Gymraeg hynaf, sydd gan Hywel ab Owain Gwynedd, yn dyddio o'r drydedd ganrif ar ddeg, a cheir cynrychiolaeth dda o gerddi Dafydd ap Gwilym o'r bedwaredd ganrif ar ddeg hefyd. Ceir cerddi rhai o'r beirdd Fictoraidd, ac mae toreth o feirdd yr ugeinfed ganrif yma hefyd, gan gynnwys beirdd a ysgrifennodd eu cerddi ar gyfer eu canu i gerddoriaeth bop. All neb ddweud i sicrwydd pryd y cyfansoddwyd y cerddi anhysbys, ond mae'n debygol iddynt gael eu cyfansoddi rhwng yr ail ganrif ar bymtheg a'r bedwared ganrif ar bymtheg.

Dehonglwyd 'serch' yn greadigol iawn gan yr enwebwyr. Mae sawl cerdd ramantus ysgafn am gariad rhwng mab a merch yma, fel y disgwylid, ond ceir cerddi i serch mewn priodas, cerddi am wrthrych serch nad yw'n ymateb am wahanol resymau, ac ambell enghraifft o serch corfforol. Chafwyd yr un enwebiad i ddisgrifio profiadau hoyw – er mai serch yw serch, pwy bynnag sy'n caru – ond efallai fod hynny'n fwy o adlewyrchiad ar yr enwebwyr na dim arall. Cynrychiolir methiant serch yma hefyd, a'r diflastod a ddaw yn sgil colli cariad, trwy dorri perthynas neu trwy farwolaeth. Nid cyfrol o gerddi llawen i gyd yw hon, oherwydd nid peth golau yw serch bob amser.

Un peth sy'n gyffredin i'r holl gerddi, mae'n debyg, yw'r ffordd y mynegant ryfeddod y profiad o garu, a'r annealltwriaeth sy'n fynych ynghlwm wrtho. Beirdd mewn penbleth yw'r rhan fwyaf o feirdd serch Cymru, yn mynegi dryswch a rhyfeddod at ymddygiad eu cariadon.

Gobeithio y byddwch yn mwynhau'r casgliad hwn gymaint ag y bu i chi fwynhau *Hoff Gerddi Cymru*. Rydym yn bwriadu cyhoeddi casgliad o hoff gerddi plant Cymru cyn bo hir. Mae croeso i gyfrannu syniadau ar gyfer y gyfrol honno. Gallwch gysylltu â mi, Bethan Mair, Gwasg Gomer, Llandysul, Ceredigion, neu e-bostwich bethan@gomer.co.uk. Byddaf yn falch o glywed oddi wrthych.

CYNNWYS

Cydnabyddiaeth

Hoffai Gwasg Gomer ddiolch o galon i'r beirdd, y cyhoeddwyr a'r perchenogion hawlfraint a roddodd eu caniatâd i atgynhyrchu cerddi yn y gyfrol hon.

Os tramgwyddwyd ar hawl unrhyw un, yn anfwriadol y gwnaed hynny, ac ymddiheurir am ein bai. Ni lwyddwyd i ganfod perchnogion hawl rhai o'r geiriau traddodiadol, ond croesewir unrhyw wybodaeth berthnasol.

BALED Y LLANC IFANC O LŶN

Pwy ydyw dy gariad, lanc ifanc o Lŷn
Sy'n rhodio'r diwedydd fel hyn wrtho'i hun?
Merch ifanc yw 'nghariad o ardal y Sarn,
A chlyd yw ei bwthyn yng nghysgod y Garn.

Pa bryd yw dy gariad, lanc ifanc o Lŷn
Sy'n rhodio'r diwedydd fel hyn wrtho'i hun?
Pryd tywyll yw 'nghariad, pryd tywyll yw hi,
A'i chnawd sydd yn wynnach nag ewyn blaen lli.

Sut wisg sydd i'th gariad, lanc ifanc o Lŷn
Sy'n rhodio'r diwedydd fel hyn wrtho'i hun?
Gwisg gannaid sidanwe sy'n laes hyd ei thraed,
A rhos rhwng ei dwyfron mor wridog â'r gwaed.

A ddigiodd dy gariad, lanc ifanc o Lŷn
Sy'n rhodio'r diwedydd fel hyn wrtho'i hun?
Ni ddigiodd fy nghariad, ni ddigiodd erioed,
Er pan gywirasom ni gyntaf yr oed.

Pam yntau daw dagrau, lanc ifanc o Lŷn
I'th lygaid wrth rodio'r diwedydd dy hun?
Yr Angau a wywodd y rhos yn ei gwedd,
A gwyn ydyw gynau tyddynwyr y bedd.

WILLIAM JONES

FEL JACK NICHOLSON
(ar ôl Bruce Springsteen)

'Dwi isio rhuo i ffwrdd ar Harley-Davidson efo ti
yn gafael fel gelen am fy nghanol i:

'dwi isio clymu dy goesau am y peiriant yn dynn
a gadael i'w bŵer ein gyrru ar ei garnau gwyn:

'dwi isio teimlo'r gwynt yn plethu'n gwallt
yn gydynnau o gariad, ac ar grib yr allt

'dwi isio aros am eiliad ac edrych 'nôl
ar droeon diddiwedd ein gorffennol ffôl,

'dwi isio tynnu'r sbectol dywyll a syllu i fyw
llygad yr haul sy'n creithio'r tir â'i hen friw

cyn tanio'r sbardun a rhoi cyfandir o lôn
yn drafffordd rhyngom a chŵyn y ffacs a'r ffôn:

'dwi isio hyn i gyd ar ein cyfer ni ein dau
cyn i'r dyfodol dyfu i fyny – cyn i'r gorwel gau.

IWAN LLWYD

CARIAD ANNIFFODD

Gosod fi ar dy galon megis sêl
A'm cariad am dy fraich fel breichled gêl.
Mae rhin mewn cariad, cryfach yw nag Angau,
Digon yw cariad pa beth bynnag ddêl.

Cariad yw'r fellten a oddeithia'r nen.
Pa ddyfroedd a ddiffoddai ei fflam wen?
Cynigied teyrn holl aur ei balas am gariad;
Chwerthin a wnâi cariadon am ei ben.

CYNAN

(Rhan XIX o 'Cân y Caniadau')

MI GERDDAF GYDA THI

Mi gerddaf gyda thi dros lwybrau maith,
A blodau, cân a breuddwyd ar ein taith;
I'th lygaid syllaf i a dal dy law:
Mi gerddaf gyda thi, beth bynnag ddaw.

Mi gerddaf gyda thi pan fydd y lloer
Fel llusern yn y nen ar noson oer.
Addawaf i ti 'nghalon i yn llwyr:
Mi gerddaf gyda thi drwy oriau'r hwyr.

Mi gerddaf gyda thi drwy weddill f'oes,
Pan fydd yr haul ar fryn, neu'r dyddiau'n groes;
A phan ddaw'r alwad draw, pwy ŵyr pa awr,
Mi gerddaf gyda thi i'r freuddwyd fawr.

ANHYSBYS

TI

Ti yng nghân yr wylan sy'n bodio ar y gwynt;
Ti mewn llun o Harrods sy'n costio tri chan punt;
Ti yw'r wennol arian sy'n gorffwys ar ei thaith;
Ti yw'r Morris Minor sy'n dod â Dad o'r gwaith.

Ti yw'r weddi cyn y wawr a'r odl yn y gân;
Ti yw cwrw cyntaf nos a briwsion pice mâ'n;
Ti yw dail yr hydref a'r enfys rhwng y llaid;
Ti yw'r sane wrth y tân i wisgo am fy nhraed.

Ti yw arogl heulwen a'r dagrau yn y don;
Ti yw'r Poli Parot sy'n byw 'da Wncwl John;
Ti yw'r gwanwyn hyfryd a'r pylle yn y de;
Ti yw'r Pacistani sy'n gyrru'r bws i'r dre.

Ti, dim ond Ti,
Dim ond Ti i mi.

DEWI PWS MORRIS

CARIAD

Ynot ti mae tân,
oglau Awst, tir glân
a'r gawod gân ar goed y gwanwyn.

Ynot ti mae ton,
gŵyl yn y galon,
unigolion yn wyn i'w gilydd.

Ynot ti mae taw
y llais, dim ond llaw
yn rhwyfo'r llaw ar fôr y lleuad.

Ynot ti mae taith
y tu hwnt i iaith
a hen, hen obaith hŷn na nabod.

MYRDDIN AP DAFYDD

CYFARCHION I'M GWRAIG

Mi gofia'r dyddiau diddan,
Dy feddal gnawd fel sidan,
Dy serch yn pefrio o'th lygaid glas
A meddwol ias dy gusan.

Dy wallt yn goron euraid
A'th wedd yn ddisglair gannaid;
Fy nghalon innau'n llawenhau
A'm breichiau am fy nghoflaid.

Er troi dy dresi'n arian
A phylu'r glendid weithian,
Mae dal dy law yn dwyn yn ôl
Wefreiddiol oriau eirian.

W. J. JONES

DWY GALON YN YSGARU

Gwrando, f'anwylyd, pan fo hyn o gnawd
  Wedi ei gynaeafu a'i yrru drwy
Ffwrneisiau'r felin honno, rho fy mlawd
  I wynt y nefoedd, nid i gladdfa'r plwy.
Ond pan ddêl d'amser dithau, dos tua thre'
  I orwedd gyda'th geraint yn y llan,
A rhoed y llannerch rugog sy'n y lle
  Aroglau grug y mynydd uwch y fan.
Cyn hynny bydd hiraethus iawn dy serch
  Am un a'i cafodd ac a'i cadwodd oll,
Ac er na feddi gofnod mwy, fy merch,
  P'run ai ar gael y byddwyf ai ar goll,
Fy nghadwedigaeth fydd dy hiraeth di,
A'th angof llwyr fy llwyr ddifancoll i.

R. WILLIAMS PARRY

ANNWYL ARTHUR IFAN

Mae 'mhen yn dweud y dylwn droi
  Fy nghefn ar Arthur Ifan,
Mae pawb yn dweud ei fod yn hŷn
  O lawer na fy hunan.

Mae Mam yn dweud ei fod yn ddyn
  Di-dda, di-ddawn, di-enaid,
Ni wadaf innau – mae'n ddi-ddysg,
  Yn ddi-ddrwg a diniwaid.

Mae 'Nhad yn dweud ei fod yn dlawd
  A gwael am ennill cyflog,
Fe allai fod ei well i'w gael
  Am drin y byd ariannog.

Mae 'mhen yn gwrando ar fy mam,
  Ac ar fy nhad anwylaf,
Mae gwg fy mrawd a llid fy chwaer
  Yn duo, duo arnaf.

Ond O! Mae 'nghalon ddydd a nos
  Yn sisial wrthi 'i hunan,
Na fynn hi neb, na fynn hi neb,
  Ond annwyl Arthur Ifan!

TRADDODIADOL

RHIEINGERDD

'Main firain riain gain Gymraeg' – Casnodyn

Dau lygad disglair fel dwy em
  Sydd i'm hanwylyd i,
Ond na bu em belydrai 'rioed
  Mor fwyn â'i llygaid hi.

Am wawr ei gwddf dywedyd wnawn
  Mai'r can claerwynnaf yw,
Ond bod rhyw lewych gwell na gwyn,
  Anwylach yw ei liw.

Mae holl dyneraf liwiau'r rhos
  Yn hofran ar ei grudd;
Mae'i gwefus fel pe cawsai 'i lliw
  O waed y grawnwin rhudd.

A chlir felyslais ar ei min
  A glywir megis cân
Y gloyw ddŵr yn tincial dros
  Y cerrig gwynion mân.

A chain y seinia'r hen Gymraeg
  Yn ei hyfrydlais hi;
Mae iaith bereiddia'r ddaear hon
  Ar enau 'nghariad i.

A synio'r wyf mai sŵn yr iaith,
  Wrth lithro dros ei min,
Roes i'w gwefusau'r lluniaidd dro,
  A lliw a blas y gwin.

JOHN MORRIS-JONES

BREUDDWYD

Breuddwydiais – paid â digio dro –
   Fy mod yn caru dwy;
Ni welwn ragor yn fy myw,
   Na dewis rhyngddynt hwy.

Ni charwn un yn llai na'r llall,
   Ni charwn un yn fwy;
Ac mewn rhyw benbleth faith y bûm
   Y nos o'u hachos hwy.

Ond wedi deffro gyda'r dydd,
   Mi chwerddais – canys pwy
Dybygit oeddynt? – Wel, tydi
   Dy hunan oedd y ddwy!

JOHN MORRIS-JONES

EIN PRIODAS AUR

Yn eglur ac yn hyglyw
Y daeth serch at ferch yn fyw;
Un eurben fedrai ddenu
Llawer llanc yn well o'r llu,
Roedd yn gun ei llun a'i llais,
Heb hir oedi, priodais.

Llawn bywyd diwyd tawel
Chwe chan mis a fu'r mis mêl;
Un hawddgar fu 'nghymhares,
O'r rhai gwych y gorau ges,
Un â dawn y dihunan
A noddai glyd annedd glân,
Un fwyn ddaeth imi'n fanon
A rhodd o aur haedda hon.

IDWAL LLOYD

HEN STORI

Fe wyddwn i dy fwriad
Wrth iti godi'th ben,
Roedd cwestiwn ar dy wefus
A chusan yn dy drem.

Roedd cryndod yn dy anadl
Wrth estyn dy ddwy law,
Fe'm daliwyd i yn rhwydau
Sidan llosg ganhwyllau
Dy lygaid di, a'm denai,
Ni allwn edrych draw . . .

Roedd angerdd ar dy ddwyfin
A bywyd yn dy drem,
– Fe wyddwn i dy feddwl, boi,
Pan godaist ti dy ben!

NESTA WYN JONES

BUGEILIO'R GWENITH GWYN

Mi sydd fachgen ifanc ffôl
  Yn byw yn ôl fy ffansi,
Myfi'n bugeilio'r gwenith gwyn,
  Ac arall yn ei fedi.
Pam na ddeui ar fy ôl
  Ryw ddydd ar ôl ei gilydd?
Waeth 'rwy'n dy weld, y feinir fach,
  Yn lanach, lanach, beunydd!

Glanach, glanach wyt bob dydd,
  Neu fi sy' â'm ffydd yn ffolach;
Er mwyn y Gŵr a wnaeth dy wedd,
  Dod im drugaredd bellach.
Cwn yma'th ben, gwêl acw draw,
  Rho imi'th law wen dirion;
Waeth yn dy fynwes bert ei thro
  Mae allwedd clo fy nghalon.

Mi godais heddiw gyda'r wawr
  Gan frysio'n fawr fy lludded,
Im gael cusanu ôl dy droed
  Ar hyd y coed wrth gerdded.
Cwn fy mhen o'm galar maith,
  Rho imi iaith gwarineb,
Waeth mwy na'r byd i'r mab a'th gâr
  Yw golwg ar dy wyneb.

Tra bo dŵr y môr yn hallt,
A thra bo ngwallt yn tyfu,
A thra bo calon dan fy mron,
Mi fydda' 'n ffyddlon iti;
Dywed imi'r gwir heb gêl,
A rho dan sêl d'atebion,
P'un ai myfi ai arall, Gwen,
Sydd orau gen dy galon?

WIL HOPCYN

CATHL Y GAIR MWYS

Hi aeth f'anwylyd, yn G'langaea',
Ti wyddost wrth y rhew a'r eira;
Dywed imi'n ddigyfrinach,
Pam na wisgi *lewis* bellach?

Pan fo'r hin yn oer aneiri',
A'r cynfasau'r nos yn rhewi,
Gwybydd, Gwen, mai dyna'r amser
Y gwnâi *lewis* iti bleser.

Rhai rônt lewis wrth eu breichiau,
Rhai rônt lewis wrth eu cefnau,
Cymer ffasiwn newydd, Gwenfron,
Dyro *lewis* wrth dy ddwyfron.

Di gei grys o'r holand meina',
Di gei owns o sidan siopa,
Di gei'r ffasiwn a ddymunech,
Di gei *lewis* fel y mynnech.

Gwelais ganwaith lewis gwynion
Gan gyffredin a bon'ddigion;
Am dy weled mi rown fawrbris
Yn dda dy le, yn ddu dy *lewis.*

Arferol i bob merch a wel'is
Am ei breichiau wisgo llewis;
I'r gwrthwyneb dyro dithau,
Am dy *lewis* gwisg dy freichiau.

Gwelais lawer merch na roesai
Yn ei llewis flaene pinnau;
Tithau fuost yn fwy dibris,
Saethau blennaist yn dy *lewis*.

Oer yw'r tŷ heb dân y gaea',
Oer yw'r cenllysg, oer yw'r eira,
Oer yw'r hin pan fo hi'n rhewi,
Oer yw merch heb *lewis* ganddi.

Bydd di fwyn a rhwydd dy galon,
Paid ag edrych arna' i'n ddigllon;
Rhag ofn dyfod angau dibris,
Ac ymaflyd yn dy *lewis*.

Mae dy siwt i gyd yn gryno,
Ond un peth sydd eisiau eto;
Nid yw hynny i gyd mo'r llawer
Ond dwy lath o *lewis* ofer.

Ar dy lewis pe cait gynnig,
Gwn y gwerthit am ychydig;
Pe bait unwaith wedi 'marfer,
Ni chymrit am dy *Lewis* lawer.

PETER LEWIS

MAE 'NGHARIAD I'N FENWS

Mae 'nghariad i'n Fenws, mae 'nghariad i'n fain,
Mae 'nghariad i'n dlysach na blodau y drain,
Fy nghariad yw'r lana' a'r wynna'n y sir,
Nid canmol yr ydwyf ond dwedyd y gwir.

Wych eneth fach annwyl, sy'n lodes mor lân,
A'i gruddiau mor writgoch, a'i dannedd mân, mân,
A'i dau lygad siriol, a'i dwy ael fel gwawn, –
Fy nghalon a'i carai, pe gwyddwn y cawn.

HEN BENNILL (ANHYSBYS)

RHYWUN

Clywais lawer sôn a siarad
Fod rhyw boen yn dilyn cariad,
Ar y sôn gwnawn innau chwerthin
Nes y gwelais wyneb Rhywun.

Ni wna cyngor, ni wna cysur,
Ni wna canmil mwy o ddolur,
Ac ni wna ceryddon undyn
Beri im beidio â charu Rhywun.

Gwyn ac oer yw marmor mynydd,
Gwyn ac oer yw ewyn nentydd,
Gwyn ac oer yw eira Berwyn,
Gwynnach, oerach calon Rhywun.

Er cael llygaid fel y perlau,
Er cael cwrel yn wefusau,
Er cael gruddiau fel y rhosyn,
Carreg ydy calon Rhywun.

Tra bo clogwyn yn Eryri,
Tra bo coed ar ben y Beili,
Tra bo dwfr yn afon Alun,
Cadwaf galon bur i Rywun.

Pa le bynnag bo'm tynghedfen,
P'un ai Berriew neu Rydychen,
Am fy nghariad os bydd gofyn,
F'unig ateb i fydd – Rhywun!

Caiff yr haul fachludo'r borau,
Ac â moelydd yn gymylau,
Gwisgir fi mewn amdo purwyn,
Cyn y peidiaf garu Rhywun.

JOHN BLACKWELL (ALUN)

CYN TORRI'R CAWG AUR

Ti ddaethost, fy nghariad, un bore i'm byd
Gan droi ei holl fwrllwch yn lliwiau i gyd.
Ni welsem, bryd hynny, na banadl heb liw
Nac erwaint heb bersawr, na dim nad oedd wiw.

Dringasom ein mynydd, eithin-fynydd ein hoen,
A gweld ar bob gorwel bêr wynfa ddi-boen;
Nyni bioedd Gymru, bryd hynny, o'r bron,
A hudol ein Henlli draw dros y don.

Fe ddaeth yr haf melyn, a'i daran, a'i des
A'i lidiog ystormydd, ei fyllni a'i wres;
Cadarnach ein cariad, f'anwylyd, er hyn.
Ni phylodd yr angerdd a'n rhwymodd mor dynn.

Mae heddiw yn hydre, a'i dawch dros y Fro;
Daw'r cnydau i'r ydlan, a'r gwartheg dan do.
Mae'r lloer gynt a'n gwyliai uwch lonydd gwlad Llŷn
Yn hwylio yn araf heibio i Homri i'w hun.

Ac Amser, hen elyn cariadon, a ddwg
I ninnau ei aeaf, i ninnau ei wg,
A'i rewynt i'r galon, i'r pen ei wyn drwch.
A'r arfod anhyblyg, – a dyrnaid o lwch.

IORWERTH C. PEATE

'RWYT TI F'ANWYLYD SANCTAIDD YN LLAWN O RYW

Rwyt ti f'anwylyd sanctaidd yn llawn o ryw
Fel tiwlip dwfn yn ffrwydro dan fom yr haul.
Mae'n gorwedd ynot fel gwaed. Mae'n hanfod gwir.
Mae'n cerdded dy derfynau ddydd a nos.
I mi wedi colli'r llanc lled atodiad oedd,
Cadwyn a dorraist, gwisg achlysurol, pryd;
Ond i ti mae'n rhan dragwyddol, porthiant, gwraidd.
Bod yn fam; yr ansawdd mam sy'n bod
Ar wahân i blant; y natur fam a lŷn
Mewn menyw, y cadw, gofal, perthyn
Tyner, disgwyl; fel y ddaear, gwybod y pridd.
Rwyt ti f'anwylyd sanctaidd yn llawn o ryw,
Mae'n treiddio trwot i'th ddyfnder. Mae'n dal
Athrylith a dawn dy galon. Ac wele, yn awr
Rwyt wedi dy gyflawni fel cerdd yn gorffen
Profiad, fel rhyddid i wlad gaeth.
Ac nid oes gwyrth ar y ddaear nad yw wedi bod
Yma ynghlwm wrth dy ymgyrraedd cain.
Ti efallai oedd fy Nghymru, ei phwll, ei henglyn,
Ei buarth a'i chrefydd, undod ei heneidiau:
Ti oedd fy nghaethiwed a'm hystyr.
Ni allaf beidio ag addef i ni fod ers tro
Yn rhieni tragwyddoldeb, yn fam a thad i'r cread
Wrth etifeddu'r cyflawnder, y gorffen cudd,
Y gwrthdaro cyfan a ddeisyfwyd gynt.
Ti oedd fy nghaethiwed a'm hystyr.
Canaf i ti ein llawenydd. I ti canaf ein bod . . .
Llawenydd oesol y tad a'r fam lle y cripiodd
Clymwr pob gwead, a brigau'r oren yn Ei wallt
A phomgranadau dan Ei gesail yn siglo.

BOBI JONES

PRIODAS YR ADAR

Cân Ffolant
(Robin Goch at Fwyalchen)

Rwyf wedi bod ers amser
Yn dy wylio di o draw
Yn hela pryfed genwair
A malwod yn y claw'.
A hyd yn oed pan oeddit
Yn bracso yn y mwt
Fe'th gerais di bob plufyn
O'th big i flaen dy gwt.

Mae fory'n ddydd priodas
Yr adar mân i gyd,
Sut waith 'taet ti a minnau
Yn mentro dod ynghyd?
Pa ots dy fod ti'n fwyalch
A minnau'n robin goch,
Pam lai cael adar heibrid
R'un fath â ieir a moch?

Rwyf wedi dewis llecyn
I nythu, heb ei fath –
Ar dalcen tŵr yr eglwys –
Lle na ddaw plant na chath,
Mae yno'r mwydon tewaf
A welwyd dan y nen,
A malwod wrth y miloedd
A chwilod fel dy ben.

Cei gysgod yn y clochdy
I ganu ar y glaw,
Ac os bydd eisiau bedydd –
Mae'r ffeirad reit gerllaw,
Os wyt ti yn cytuno
Tyrd fory ar dy hynt,
A byddaf yn dy ddisgwyl
Ar ben y ceiliog gwynt.

DIC JONES

HEN WIN SERCH

Drigain mlynedd i heddiw, Nans,
  Yn eglwys fach y plwy',
(Tyrd â mawnen arall, Nans,
  Mae'n gynnar, tyrd â dwy;)

Drigain mlynedd i heddiw, Nans,
  Ti gofi'r awr a'r fan,
Y rhwymwyd amod rhyngom ni
  Yng nghangell lwyd y Llan.

Paid ag wylo, da ti, Nans.
  Mi wn i'r dim dy gur,
Rwyf innau'n gweld y darlun bach
  Sy'n crogi ar y mur;

Ond gwrando air o'm profiad, Nans,
  Cyn elo'r nos i ben –
Pe bawn i eto'n ugain oed
  Ac yn was yn Felin Wen

Mi awn ar f'union tua'r Llan,
  Waeth pwy a'm barnai'n ffôl,
I gwrdd â'r ferch a gwrddais gynt
  Drigain mlynedd yn ôl.

CRWYS

BETH YW'R HAF I MI?

Beth yw'r haf i mi?
Dim ond gaea' llwm a dagrau'n lli.
Er pan gollais di
Nid yw hirddydd haf yn ddim i mi.
Gariad bach, er cilio'n ffôl,
Dwed y doi di eto'n ôl.
Nid yw'r haf i mi'n
Ddim ond hirlwm er pan gollais di.

Trist yw'r galon fach
Pan fo cŵyn y gwynt ym mrigau'r coed.
Wedi'r canu'n iach,
Rwyf yn disgwyl clywed sŵn dy droed.
Gariad bach, er crwydro mhell,
Tyrd yn ôl i gyfarch gwell;
Trist yw'r galon fach,
Ni bu hiraeth mwy ar neb erioed.

Beth yw'r haf i mi
Os yw'r fron yn glaf o dan ei chlwy'?
Beth yw'r haf i mi,
Os yw'r galon fach ar dorri'n ddwy?
Gariad bach, er cilio'n ffôl,
Dwed y doi di eto'n ôl;
Yna bydd i ni hyfryd haf
A dyddiau dedwydd mwy.

TRADDODIADOL (PENNILL 1)
AMY PARRY-WILLIAMS (PENNILL 2 A 3)

FY OLWEN I

Rwy'n fodlon cydnabod bod Olwen
  Yr eneth brydferthaf – ond un,
Ni synnaf un mymryn fod beirniaid pob oes
  Yn hanner addoli ei llun,
Ond rhaid i mi addef er hynny
  Fod un sy'n anwylach i mi,
Mae'n canu ar aelwyd y gegin yn awr
  – Hon yw fy Olwen i.

Mi wn nad oes fflamgoch sidanau
  Am wregys f'anwylyd wen,
Na chadwyn o berlau llaes am ei gwddf,
  Na choron o aur ar ei phen,
Ond waeth gen i ddim am hynny,
  Y sioncaf o bawb ydyw hi,
Heb ffyrling o ddyled i neb drwy'r byd
  – Hon yw fy Olwen i.

Fe all fod rhai gwynnach eu dwylo.
  Fe all bod rhai 'sgawnach eu troed,
Ond beth tase dwylo f'anwylyd mor wyn
  Ag anemoni ffynnon y coed, –
Beth ddeuai o'r tyddyn a'r aelwyd
  A'm plant sy cyn amled eu rhi'?
Un dyner ei chalon a chaled ei llaw
  – Hon yw fy Olwen i.

Pan glywais fod meillion yn tyfu
  Lle bynnag 'r âi Olwen y bardd,
Mi gerddais o amgylch fy nhyddyn glas
  A dychwelais i rodio'r ardd;
Does undyn a gyfrif y meillion
  A'r blodau sy'n chwerthin mor ffri
Lle cerddodd un arall sy'n ddigon di-sôn
  – Hon yw fy Olwen i.

Pan edy fy mhlant yr hen aelwyd,
  A minnau yn llesg ac yn hen,
Ofer fydd disgwyl i Olwen y beirdd
  Ddod yno â chusan a gwên,
Ond mi wn am un fydd yn glynu,
  Yn glynu tra croeswyf y lli,
Hi fydd yr olaf i droi ei chefn
  – Hon yw fy Olwen i.

CRWYS

LISA LÂN

Bûm yn dy garu lawer gwaith,
Do, lawer awr mewn mwynder maith,
Bûm yn dy gusanu, Lisa gêl,
Yr oedd dy gwmni'n well na'r mêl.

Fy nghangen lân, fy nghowlad glyd,
Tydi yw'r lanaf yn y byd,
Tydi sy'n peri poen a chri,
A thi sy'n dwyn fy mywyd i,

Pan fyddwy'n rhodio gyda'r dydd,
Fy nghalon fach sy'n mynd yn brudd;
Wrth glywed sŵn yr adar mân
Daw hiraeth mawr am Lisa lân.

Pan fyddwy'n rhodio gyda'r hwyr
Fy nghalon fach a dodd fel cŵyr;
Wrth glwyed sŵn yr adar mân
Daw hiraeth mawr am Lisa lân.

Pan fyddwy'n rhodio yn yr ardd
Ymysg y blodau sydd yn hardd,
Yn torri mwyn friallu mân,
Daw hiraeth mawr am Lisa lân.

Pan fyddwy' mewn llawenydd llon,
Fe ddaw rhyw boenau dan fy mron;
Wrth glywed sŵn y tannau mân,
Daw hiraeth mawr am Lisa lân.

Lisa, a ddoi di i'm danfon i,
I roi fy nghorff mewn daear ddu?
Gobeithio doi di, f'annwyl ffrind
Hyd lan y bedd, lle rwyf yn mynd.

TRADDODIADOL

RWY'N CARU MERCH O BLWY PENDERYN

Rwy'n caru merch o blwy Penderyn
Ac yn ei charu ers lawer dydd,
Ni allswn garu ag un ferch arall
Er pan welais 'run gron ei grudd.
Mae mor hardded idd ei gweled
Er nad yw ond gronen fach,
Pan elo hi mas i rodio'r caeau
Hi dry fy nghalon glaf yn iach.

Pan o'wn i'n myned ar ryw fore
Ac yn ddiflin tua'm gwaith,
Clywn aderyn oddi ar y brigyn
Yn tiwnio'n ddiwyd ac yn faith,
Ac yn dwedyd wrthyf innau,
'Mae'r ferch rwyt ti'n ei charu'n driw
Yn martsio'i chorff y bore fory
Tua rhyw fab arall, os bydd hi byw.'

Rwy'n myned heno, dyn a'm helpo,
I ganu ffarwél i'r seren syw;
A dyna waith y clochydd fory
I dorri 'medd o dan yr yw!
A than fy enw'n sgrifenedig,
Ar y 'tomb' wrth fôn y pren,
Fy mod i'n isel iawn yn gorwedd
Mewn gwaelod bedd, o gariad Gwen.

TRADDODIADOL

CŴYN Y GWYNT

Cwsg ni ddaw i'm hamrant heno,
   Dagrau ddaw ynghynt.
Wrth fy ffenestr yn gwynfannus
   Yr ochneidia'r gwnyt.

Codi'i lais yn awr ac wylo,
   Beichio wylo mae;
Ar y gwydr yr hyrddia'i ddagrau
   Yn ei wylltaf wae.

Pam y deui wynt, i wylo
   Ar fy ffenestr i?
Dywed im, a gollaist tithau
   Un a'th garai di?

JOHN MORRIS-JONES

MYFANWY

Paham mae dicter, O, Myfanwy
Yn llenwi'th lygaid duon di?
A'th ruddiau tirion, O, Myfanwy
Heb wrido wrth fy ngweled i?
Pa le mae'r wên oedd ar dy wefus
Fu'n cynnau 'ngariad ffyddlon, ffôl?
Pa le mae sain dy eiriau melys
Fu'n denu 'nghalon ar dy ôl?

Pa beth a wneuthum, O, Myfanwy
I haeddu gwg dy ddwyrudd hardd?
Ai chwarae oeddit, O, Myfanwy
Â thannau euraidd serch dy fardd?
Wyt eiddo im drwy gywir amod?
Ai gormod cadw'th air i mi?
Ni cheisiaf fyth mo'th law, Myfanwy
Heb gael dy galon gyda hi.

Myfanwy, boed yr holl o'th fywyd
Dan heulwen ddisglair canol dydd;
A boed i rosyn gwridog ienctid
I ddawnsio ganmlwydd ar dy rudd.
Anghofia'r oll o'th addewidion
A wnest i rywun, 'ngeneth ddel,
A rho dy law, Myfanwy dirion,
I ddim ond dweud y gair 'Ffarwél'.

TRADDODIADOL

ARAITH LLYWELYN I SIWAN

Gwleidyddiaeth oedd ein priodas ni, arglwyddes,
A rhyngom ni 'roedd bwlch o chwarter canrif.
Wel, dyna'r arfer, mae'n sail i gynghrair
A chytgord gwledydd, cyd-odde, cyd-adeiladu.
Ond pedair blynedd wedyn, pan ddaethost ti
Yn wyry' i Eryri fel bedwen arian ir,
Fe droes fy nghaon i'n sydyn megis pe gwelswn y Greal;
I mi 'roedd goleuni lle y troedit.
Ond mygais fy syfrdandod rhag dy ddychryn
A phan deimlais i di yma'n crynu'n fy mreichiau
'Ddoluriais i monot ti â chusanau trwsgl
Na chwys cofleidio erchyll; ymgosbais yn daer
Fel na byddwn ffiaidd gennyt; bûm ara' a chwrtais a ffurfiol;
A diflannodd dy gryndod; daeth y stafell hon iti'n gartref
A minnau'n rhan, nid rhy anghynnes, o'r dodrefn.
Felly'r addolais i di, fy fflam, o bell ac yn fud,
Gan ymgroesi rhag tresbasu â geiriau anwes;
Ond tynnais di i mewn i fusnes fy mywyd,
Trefnais fy nhŷ a'm tylwyth a'm teyrnas wrth dy gyngor,
A rhoi i'th ymennydd ysblennydd ehangder swydd.
Cofiaf y p'nawn y daethost oddi wrth dy dad
O'th lysgenhadaeth gynta'; 'roedd fy mywyd i
Mewn perig' y tro hwnnw. Pymtheg oed oeddit ti
A Dafydd dy fab prin ddeufis. Daethost adre
A'm heinioes i a thywysogaeth Dafydd
Yn ddiogel dan dy wregys. A'r noson honno
Ti a'm cofleidiodd i. 'Doedd gen i ddim iaith
I ddweud fy llesmair; meistrolais gryndod fy nghorff; –

Ond wedi'r noson honno bûm enbyd i'm gelynion,
Cesglais Geredigion a Phowys a Deheubarth
A'u clymu yng nghoron dy fab, iddo ef yn unig yng Nghymru
Er gwaetha'r ddefod Gymreig, er gwaetha'r rhwyg yn fy nhŷ;
Mynnais gael ei gydnabod gan Frenin Lloegr a'r Pab
A chael gan y Pab gyhoeddi brenhiniaeth ddilychwin ei ach:
Hyn oll a bensaernïais, fy nheml ydoedd i ti,
F'addoliad i ti. . .

SAUNDERS LEWIS

MÔR O GARIAD

Eistedd yma'n unig 'ben fy hun,
Heno 'sdim amynedd i helbul byd,
ond mae'r nos yn ffoi, fel mae'r byd yn troi
fel y môr o gariad a roddais i ti.

'Sdim byd yma heno ond adlais cariad mawr,
a'n gwydrau gweigion ar y llawr
ac i gwpla'r llun
yn y botel, gwaddod gwin –
gwaddod y môr o gariad a roddais i ti.

Hwn oedd cariad glân,
hwn oedd cariad ffôl,
roeddwn i ar dân –
nawr 'sdim ar ôl.

Strydoedd oer y ddinas,
strydoedd mor llawn;
atgofion fydd amdani,
ei serch a'i dawn.
Serch hynny mae'n rhaid byw,
ymuno efo hwyl y criw.
Sych yw'r môr o gariad
a roddais i ti.

MEIC STEVENS

AR LAN Y MÔR

Ar lan y môr mae rhosys cochion,
Ar lan y môr mae lilis gwynion,
Ar lan y môr mae nghariad inne,
Yn cysgu'r nos a chodi'r bore.

Ar lan y môr mae carreg wastad
Lle bûm i'n siarad gair â 'nghariad;
Oddeutu hon mae teim yn tyfu
Ac ambell sbrigyn o rosmari.

TRADDODIADOL

FY NEWIS RIAIN FIRAIN FEINDEG

Fy newis i, riain firain feindeg,
Hirwen, yn ei llen lliw ehöeg.
A'm dewis synnwyr, synio ar wreigiaidd,
Pan ddywaid o fraidd weddaidd wofeg.
A'm dewis gydran, gyhydreg â bun,
A bod yn gyfrin am rin, am reg.
Dewis gennyf i, harddliw gwaneg,
Y ddoeth i'th gyfoeth, dy goeth Gymräeg.
Dewis gennyf i di; beth yw gennyd di fi?
Beth a dewi di, deg ei gosteg?
Dewisais i fun fal nad atreg gennyf;
Iawn yw dewisaw dewisdyn teg.

HYWEL AB OWAIN GWYNEDD

CEIDWAD Y GOLEUDY

Wrth gwrs fe gei di gerdded ar hyd fy llwybr,
cei fynd lle y mynni ar fy nhir;
wrth gwrs fe gei di gasglu fy mlodau harddaf
dim ond i ti addo dweud y gwir.

Wrth gwrs fe gei di gerdded i fy mwthyn,
cei gynnau tân a hwylio'r te;
wrth gwrs fe gei di groeso ar fy aelwyd
dim ond i ti 'sbonio be di be.

Wrth gwrs fe gei di weddi wrth fy allor,
rhoddaf glustiau fy Nuw yn eiddo i ti;
wrth gwrs cei fedyddio dy blant yn nŵr fy ffynnon
dim ond i ti ddysgu 'ngharu i.

Cytgan

Dyma gân achubwyd o donnau y moroedd,
fe'i gwelwyd yno'n boddi gan geidwad y goleudy,
fe'i clywodd yn gweiddi a wnei di f'achub i;
cân a oedd yn llithro
rhwng muriau llaith anghofio,
ceidwad y goleudy ydwyf i.

EMYR HUWS JONES

PAID Â DEUD

Os yw'th galon bron â thorri,
  Paid â deud,
Am fod serch dy fron yn oeri,
  Paid â deud,
Ac os chwalu mae d'obeithion,
  Paid â deud,
Ni ddaw neb i drwsio'th galon,
  Paid â deud.

Pan fo stormydd byd yn gwgu,
  Paid â deud,
A gelynion am dy faeddu,
  Paid â deud;
Ac os weithiau byddi'n llwyddo,
  Paid â deud –
Hawdd i'th lwydd fynd trwy dy ddwylo,
  Wrth it ddeud.

TRADDODIADOL

AWDL FOLIANT MERCH EIN HAMSERAU

Nid yw cariad yn darfod byth. . .Yn awr, amherffaith yw fy ngwybod; ond yna, caf adnabod fel y cefais innau fy adnabod. Mewn gair, y mae ffydd, gobaith, cariad, y tri hyn, yn aros. A'r mwyaf o'r rhai hyn yw cariad.

1 Corinthiaid 13: 8-13

Daw'r dyfyniadau eraill o ganiadau Solomon.

Mi godais a mynd o amgylch y dref, trwy'r heolydd a'r strydoedd; chwiliais am fy nghariad.

Os bu'r 'gwybod' fel brodwaith – anghymen,
Anorffen, amherffaith,
Trodd cariad di-wad ein taith
Yn adnabod, yn obaith.

Bûm unig heb amynedd – un nos hir
Ddi-sêr fy alltudedd
Yn ddiorwel fel Heledd:
Alltud rhwng bywyd a bedd.

Haen o briddell heb wreiddyn – fûm unwaith
A mynwent heb ddeigryn
Neu foroedd heb ddiferyn,
Haul heb liw, oriel heb lun,

Maneg heb law, crys heb lawes, – y ddoe
Diddiwedd, difynwes,
Ennyd heb iddo hanes
Neu walch heb rwysg, neu gloch bres

heb dafod, gardd heb flodau – neu dân
Heb danwydd na golau,
Ton wen heb wynt yn y bae
Neu onnen heb ganghennau.

Hebot, gwag oedd fy mebyd, – fy mharhad
    Oedd fy mrwydyr enbyd,
  Bwa heb ffidil bywyd
  Oeddwn, diemosiwn, mud.

O borthladd i borthladd bûm – o winllan
    I winllan yr euthum,
  Wedi'r daith adre deuthum
  A gwin fy haf a ganfûm.

Edau yn canfod nodwydd, – ym mherfedd
    Morfil o unigrwydd
  Yr ansicr drodd yn sicrwydd
  A throdd dyn yn blentyn blwydd.

Fel pren afalau ymysg prennau'r goedwig . . .

Pan oedd y wendon yn ei dicllonedd
Clywais d'arogl yn arogl cyfaredd,
Hwyliais i fae gorfoledd – dy galon
A chael Afallon a chlo fy allwedd.

Brwydyr yr ieuanc fu'n berwi drwof
Hyd oni theimlais dy dresi drosof,
Aeth ymryson ohonof, – daeth suon
Adar Rhiannon i drydar ynof.

Wyt Dref Wen ein hil. Wyt dirf anialwch,
Hyder y galon lle bu dirgelwch.
Wyt alaw mewn tawelwch. – Wyt weithiau'n
Cynnau canhwyllau yn fy nhywyllwch.

Wyt had fy mharhad. Wyt dwf fy mhryder.
Wyt wawn. Wyt wenau. Wyt wanwyn tyner,
Y blaendwf a'i ysblander – ac weithiau',
Ewin o olau mewn byd ysgeler.

Weithiau, am ennyd, yng nghampwaith Monet,
Ti yw yr eiliad sy'n mentro i rywle
Ar wyneb aur ein bore, – ond wastad
Mewn gwlad tan leuad, wyt win Beaujolais.

Wyt wawl fy mawl. Wyt win St. Emilion.
Wyt ffiol risial i ddagrau calon.
Wyt win cyfriniol y fron. – I'm gwefus
Wyt lafoer melys, wyt liw fermilion!

Mae fy nghân ifanc, mae fy nghynefin
Ynot a rhythm borewynt drwy'r eithin,
Wyt gyffro Giro mewn jîns – sy'n datod.
I 'mwa hynod wyt ffidil Menuhin.

Lleuad y nos a fu'n tywallt drosot
A'i rhaeadr ieuanc o gytser drwot,
Minnau yn fflam ohonot, – Erin f'oes;
Rhannaf fy einioes, serennaf ynot.

Tyrd fy nghariad, gad inni fynd allan i'r maes, a threulio'r nos ymysg y llwyni henna.

Cymer fi, cymer fy haf, – cymer fwy,
Cymer fi drwy 'ngaeaf,
Cymer ac fe'th gymeraf:
Dywed y gwnei a dwed 'Gwnaf!'

Nodwydd yn canfod edau – o obaith
Ym mebyd a ninnau
Wrth ganfod ein gardd flodau
Yn darganfod hanfod dau.

Dau lais ein ffidil iasol – yn uno
Am ennyd fynwesol
Ond tonnau gwyllt Donegal
Yn ein hasio yn oesol.

O'Donohues, dau yn un. – Ein deuawd
Yn diwel dros Ddulyn
A dau lais ein mandolyn
Yn un gofer, yn gyfun.

Wyt nodyn o 'nhelyn i – fy Erin,
Wyt bair y Dadeni.
Ateb, a gaf fod iti
Yn nodyn o'th delyn di?

Cwyd anghytgord drwy'n cordiau – yn arswyd
Amhersain, ond weithiau
Newydd yw'r harmonïau
Ddaw'n ffrwd o goluddion ffrae.

Yn dy faldod datodaf, – yn d'anwes
Dyner y meiriolaf,
Yn dy gôl di gwelaf
Eigion o wên yn dweud 'Gwnaf!'

Un nos hir ein hamserau – ddiflannodd
Fel ennyd, bydd dithau
Yn ganiad o'm caniadau,
Bydd ganiad uniad ein dau.

Cusana fi â chusanau dy wefusau.

A gaf i heno wagio fy enaid,
Arllwys ei gynnwys i'th ffiol gannaid
A chynnau ag ochenaid – ganhwyllau
Ein Nadoligau yn nwyf dy lygaid?

Yn dy winc araf mae trydar cariad,
I minnau heddiw mae hen wahoddiad,
I ni ein dau mae'n dyhead – heb ddadl
yn drwm o anadl ein storm o uniad.

A daw'r eira rhugl o Gaer Arianrhod
Fy nghorff a'm noethni fel pili-palod.
Cael ym mhinacl y manod – betalau
Taer dy amrannau yn cau mewn cawod.

Cân i mi'n gyffes f'offeryn oesol,
Reggae gwahoddiad a'r *Blues* tragwyddol,
Cân yn ifanc hynafol – dy nodau
A chân ar rhythmau'r caniadau cnawdol.

Rhof innau'r cordiau ar dâp-recordydd,
Rhoi drama einioes ar fideo'r 'mennydd
A rhoi ar go' dragywydd – freuddwyd llanc
A'th lwynau ieuanc yn fythol newydd.

Yn y cnawd gwynias mae cân digonedd,
Ym mru yfory mae hen gyfaredd,
Clun yng nghlun, gweinied fy nghledd – drwy'r storm chwil
Yng nghaer fy hil mae had fy ngorfoledd.

I'n gwâr ymryson daeth grym yr oesau,
Ym mhair marwolaeth mae murmur o olau
A ffrwd ein cyffroadau, – mae gwawrddydd
Hŷn na llawenydd yn had ein llwynau.

Mae hen wahoddiad yn fy mhinwydden
Eilwaith, amdanaf mae dy ffurfafen
Yn hyder yn fy nghoeden – cyn toddi
A ni'n meirioli mewn môr o heulwen.

Y mae dy gariad yn well na gwin.

Branwen a Biriani
A mwy yw cariad i mi!
Car ar daith o'r crud yw hwn,
Trwy orfoledd trafeiliwn.

'Cân Walter' ar ôl cyri –
Oer a lleddf fel tonnau'r lli
Yn plycio o'r gro'n garuaidd,
Plycio rhyw atgo o'n craidd.

Cariad yw mynd a'th adel,
Ffoi ar wib heb ddweud ffarwél
A ffraeo cyn ffustio'r ffôn
I'w grud – a ni'n gariadon!

Hyn, Erin, ydyw cariad:
Poeri i wynt ein parhad
Ac ail-lunio rhagluniaeth
Ein taith bell er gwell, er gwaeth.

Cariad yw hel profiadau
Ynghyd a'n llygaid ynghau:
Ffoi ar fodur ffair Fedi
I nos dawdd dy fynwes di.

Mynd o nef munudau nwyd
I Foel Fenlli'n felynllwyd:
Swigod ar draed yn codi,
Hyn oll yw cariad i ni.

Fel swyn nyth, fel les hen Nain:
Mae parhad cariad cywrain
Trwy'n tylwyth yn gweu pwythau
Neilon o'n breuddwydion brau.

Cariad ni wêl aceri
Rhyddid ein hieuenctid ni
Yn gwibio heibio o hyd:
Buan yw traffordd bywyd.

Y mae cariad mor gryf â marwolaeth, a nwyd mor greulon â'r bedd.

Dall ydyw amser, ferch ein hamserau,
Ac anweledig yw ei heiliadau
Yn ei labrinth o lwybrau – trafeiliwn
Ac ni arhoswn. Wyt gân yr oesau!

Bûm gân mewn potel a *Blues* y felan,
Yn weddi Largo ar nos ddiloergan
Nes y cefais y cyfan – o'th gân di
Yn llenwi'r gwegi. Wyf gerflun Gauguin!

Wyf Edward H. Wyf had Ewridice.
Wyf gân y ddaear. Wyf blant yn chwarae.
Uwch wyneb eurwych ein bore – wyf dôn
A haen o *ozone*. Wyf berlau Bizet.

Cyn tyr y Ddaear ei llinyn arian,
Cyn diffodd amser fel lleufer llwyfan,
I ninnau rhoed mwy na'n rhan; – epilog
Yw nodau beichiog pob ennyd bychan.

Yng nghylchoedd ein bod y cwsg darfodaeth.
Ond i'n hymlyniad ni mae olyniaeth
Edau arian cadwraeth – daear frau
Yn wawn o olau lle cwsg dynoliaeth.

I'n hawr o heddwch daw gwanwyn rhyddid
I agor y blagur ir oblegid
Sanctaidd yw croes ieuenctid: – y parhau
A geni o ddau gân o addewid.

A daw dynoliaeth o'i mud anialwch!
Wyt had gariad a goddefgarwch,
Yng nghymrodedd a heddwch – cyfanfyd
Ti yw yr ennyd sy'n llawn tirionwch.

Dall ydyw amser, ferch ein hamserau,
Ac anweledig yw ein heiliadau
Yn ei labrinth o lwybrau – trafeiliwn
Hyd oni welwn y byd yn olau.

Beth yw hyn sy'n dod o'r anialwch fel colofn o fwg? O'i gylch mae trigain o ddynion cryfion, pob un yn cario cleddyf ac wedi ei hyfforddi i ryfela . . .

Un yw dyn â daioni. – Ond er hyn
    Mae'i drem ar ddifodi:
  Ganwaith er awr ein geni
  Saddam ein hoes ydym ni.

Mae Irac y Gymru hon – y llawgoch
    Yn llugoer ei chalon,
  Heb glywed iaith gobeithion
  Na rhin cyfriniol dy fron.

Rho'r bai ar wacter bywyd – can o '*Coke*'
    Yn y gwynt crintachlyd!
  Diflas a bas yw ein byd,
  Oni feddwn gelfyddyd.

Anialwch nos sydd drosom, – ei afael
    Sy'n gwallgofi'n hymgom:
  Ni o bawb yn gaeth i'r bom!
  Dilynwn y diawl ynom.

Ynom hefyd mae afon – a'i ffrydiau'n
    Gyffroadau calon,
  A'i dwfr ynom rhwng dwyfron
  Yn creu, ail-greu planed gron.

Un cyfle gawn rhag dilëad – heulwen
    Ecoleg y cread
  Sydd ynom ni'n eginhad –
  Hyn, Erin, ydyw cariad.

Tarian y gwâr yw trin geiriau, – rhoi llais,
  Rhoi lliw i'n heneidiau,
 A rhoi awen i'n gwenau
 A chwerthin prin i'n parhau.

Wyt ennyd ym motaneg – pabi gwyn,
  Pob gair o 'mywydeg!
 Yn rhythmau'r petalau teg
 Wyt linell o'm telyneg.

Pwy yw hon sy'n ymddangos fel y wawr, yn brydferth fel y lloer, yn ddisglair fel yr haul. . .?

Aberhenfelen ni welaf heno
Na'r un madruddyn â chleddyf drwyddo
Ni ddaw Heledd i wylo; – ym mydoedd
Ein hymysgaroedd mae ias y gwawrio.

Wyt fur o hyder mewn byd difrodus.
Wyt yn afallen mewn tir anghenus.
Denim mewn bro dihoenus – ei brethyn.
Wyt yn ewyn gwyn ar beint o Guinness.

Wyt Ewropead, yn wlad heb dlodi.
Wyt awyr Glasnost. Wyt dir y glesni.
'Yma o Hyd' wyt i mi – fel hen chwedl,
Yn wyrth o genedl, yn groth y geni.

A mab a anwyd o'n mil breuddwydion,
Rwy'n heuliau newydd, rwy'n olau neon!
Yng ngwin cyfriniol dy fron – mae teulu
A lleuad 'fory'n y lli diferion.

Mae'r geni'n goroesi ffiniau'r oesoedd,
A'r waliau'n dymchwel heb sŵn rhyfeloedd,
Un ydym, un yw'n bydoedd, – un teulu
Gwiw yn anadlu yw'r holl genhedloedd.

Yn ein hymlyniad un yw miliynau,
Yng 'Nghesail Mynydd'* un dydd yw'n dyddiau,
Ein hymwneud yw munudau – 'r ddaear faith
A'n taith ydyw taith y blaned hithau.

Mae gen i freuddwyd am gefnfor heddwch
Yn frwd o gariad ac am frawdgarwch,
Am ddeilen, am eiddilwch – y byd gwyrdd
Heddiw'n fytholwyrdd ond ddoe'n Fatholwch.

Rhes hir o brofiadau'n trwsio'r brodwaith.
Wyt leuad o borffor. Wyt eiliad berffaith.
Wyt fôr o gariad. Wyt iaith – cyfamod.
Boed ein hadnabod yn don o obaith!

ROBIN LLWYD AB OWAIN

*Darlun olew gan John Morris yw 'Cesail y Mynydd'. Daw gwrthrych y gerdd o gartref tebyg i'r un yn y darlun.

YR WYLAN

Yr wylan deg ar lanw dioer,
Unlliw ag eiry neu wenlloer,
Dilwch yw dy degwch di,
Darn fel haul, dyrnfol heli.
Ysgafn ar don eigion wyd,
Esgudfalch edn bysgodfwyd.
Yngo'r aud wrth yr angor
Lawlaw â mi, lili môr.
Llythyr unwaith llathr ei annwyd,
Lleian ym mrig llanw môr wyd.

Cyweirglod bun, câi'r glod bell,
Cyrch ystum caer a chastell.
Edrych a welych, wylan,
Eigr o liw ar y gaer lân.
Dywed fy ngeiriau duun.
Dewised fi, dos at fun.
Byddai'i hun, beiddia'i hannerch,
Bydd fedrus wrth foethus ferch
Er budd; dywed na byddaf,
Fwynwas coeth, fyw onis caf.

Ei charu rwyf, gwbl nwyf nawdd,
Och ŵyr, erioed ni charawdd
Na Myrddin wenieithfin iach,
Na Thaliesin ei thlysach.
Siprys dyn giprys dan gopr,
Rhagorbryd rhy gyweirbropr.

Och wylan, o chai weled
Grudd y ddyn lanaf o Gred,
Oni chaf fwynaf annerch,
Fy nihenydd fydd y ferch.

DAFYDD AP GWILYM

Y DERYN PUR

Y deryn pur ar adain las,
Bydd imi'n was di-brydar,
O brysia, brysia at y ferch
lle rhois i'm serch yn gynnar.

Dos di ati, dywed wrthi
'mod i'n wylo dŵr yn heli;
'Mod i'n irad am ei gwelad,
Ac o'i chariad yn ffaelu â cherddad,
O Dduw faddeuo'r hardd ei llun
Am boeni dyn mor galad.

Pan o'wn i'n hoenus iawn fy hwyl,
Ddiwarnod gŵyl yn gwylio,
Canfyddwn fenyw lana' 'rioed,
Ar ysgafn droed yn rhodio.

Pan y'i gwelas, syth mi sefas,
Yn fy nghalon mi feddylias:
Wele ddynas lana'r deyrnas,
A'i gwên yn harddu'r oll o'i chwmpas,
Ni fynswn gredu un dyn byw
Nad oedd hi'n rhyw angylas.

TRADDODIADOL

MORFUDD FEL YR HAUL

Gorllwyn ydd wyf ddyn geirllaes,
Gorlliw eiry mân marian maes;
Gŵyl Duw y mae golau dyn,
Goleuach nog ael ewyn.
Goleudon lafarfron liw,
Goleuder haul, gŵyl ydyw.
Gŵyr obryn serchgerdd o'm pen,
Goreubryd haul ger wybren.
Gwawr y bobl, gwiwra bebyll,
Gŵyr hi gwatwaru gŵr hyll.
Gwiw Forfudd, gwae oferfardd
Gwan a'i câr, gwen hwyrwar hardd.
Gwe o aur, llun dyn, gwae ef
Gwiw ei ddelw yn gwaeddolef.

Mawr yw ei thwyll a'i hystryw,
Mwy no dim, a'm cnaid yw.
Y naill wers yr ymddengys
Fy nyn gan mewn llan a llys,
A'r llall, ddyn galch falch fylchgaer,
Yr achludd gloyw Forfudd glaer,
Mal haul ymylau hoywles,
Mamaeth tywysogaeth tes.
Moliannus yw ei syw swydd,
Maelieres Mai oleurwydd.
Mawr ddisgwyl Morfudd ddisglair,
Mygrglaer ddrych mireinwych Mair.

Hyd y llawr dirfawr derfyn
Haul a ddaw mal hoywliw ddyn
Yn deg o uncorff y dydd,
Bugeiles wybr bwygilydd.

Gwedy dêl, prif ryfel praff,
Dros ei phen wybren obraff,
Pan fo, poen fawr a wyddem,
Raid wrth yr haul a draul drem,
Y diainc ymron duaw,
Naws poen ddig, y nos pan ddaw.
Dylawn fydd yr wybr dulas,
Delw eilywed, blaned blas.
Pell i neb wybod yna,
Pêl yw i Dduw, pa le'dd â.
Ni chaiff llaw yrthiaw wrthi,
Nac ymafael â'i hael hi.
Trannoeth y drychaif hefyd,
Ennyn o bell o nen y byd.

Nid annhebyg, ddig ddogni,
Ymachludd Morfudd â mi;
Gwedy dêl o'r awyr fry,
Dan haul wybr dwyn hwyl obry,
Yr ymachludd teg ei gwg
Dan orddrws y dyn oerddrwg.

Erlynais nwyf ar lannerch
Y Penrhyn, esyddyn serch.
Peunydd y gwelir yno
Pefrddyn goeth, a pheunoeth ffo.
Nid nes cael ar lawr neuadd
Daro llaw, deryw fy lladd,
Nog fydd, ddyn gwawdrydd gwiwdraul,
I ddwylo rhai ddaly yr haul.
Nid oes rhagorbryd pefrlon
Gan yr haul gynne ar hon.
Os tecaf un eleni,
Tecaf, hil naf, ein haul ni.

Paham, eiddungam ddangos,
Na ddeaill y naill y nos,
A'r llall yn des ysblennydd,
Olau da, i liwio dydd?
Ped ymddangosai'r ddeubryd
Ar gylch i bedwar bylch byd,
Rhyfeddod llyfr dalensyth
Yn oes bun ddyfod nos byth.

DAFYDD AP GWILYM

MORFUDD A DYDDGU

Ochan fi, drueni drum,
Heb ohir, a wybuum
Garu cyn oedran gwra
Hocrell fwyn ddiell fain dda,
Gywair o ddawn, gywir, ddoeth,
Gynilgamp, gu, anwylgoeth,
Gair unwedd etifedd tir,
Gorwyllt foethusddyn geirwir,
Yn gronfferf, yn ddiderfysg,
Yn gyflawn o'r dawn a'r dysg,
Yn deg lân, Indeg loywnwyf,
Yn dir gŵydd (enderig wyf),
Yn gariad dianwadal,
Yn lath aur, yn loyw ei thâl,
Mal y mae, mawl ehangddeddf,
Dyddgu â'r ael liwddu leddf.

Nid felly y mae Morfudd,
Ond fel hyn, farworyn rhudd:
Yn caru rhai a'i cerydd,
Rhywyr fun, a rhyir fydd;
Yn berchennog, barch uniawn,
Tŷ a gŵr, yn ddyn teg iawn.

Nid anfynychach ym ffo
Am hanner nos am honno
Rhag dyn o'i phlas dan laswydr
No'r dydd, wyf llamhidydd hydr;
A'r gŵr dygn, a'r gair digall,
Dan guraw y llaw'n y llall,
Llef beunydd a rydd, rwyddchwant,
A bloedd am ddwyn mam ei blant.

Eiddilwr, am ei ddolef
I ddiawl aed; pam ydd ŵyl ef,
Och, gwae ef, ddolef ddylyn,
Hyd ar Dduw, o hud ar ddyn?
Llwdn hirllef llydan haerllug,
Llafur ffôl yw llyfr ei ffug.
Llwfr a rhyfedd y gwneddyw,
Llefain am riain fain fyw.
Y Deau ef a'i dihun
Dan ddywedyd, barcud bun.
Nid dawnus, nid dianardd,
Nid teg gwarandaw, nid hardd,
gŵr yn gweiddi, gorn gwaeddawd,
Ar gân fal brân am ei brawd.

Ys drwg, o un anhunfloedd,
Finffug ŵr, am fenffyg oedd.
Pei prynwn, befr didwn bwyll,
Wraig o'm hoedl, rhyw gam hydwyll,
Caliwr dig, er cael awr daw,
Rhan oedd, mi a'i rhown iddaw,
Rhag dryced, weddw dynged wae,
Y gŵr chwerw, y gŵyr chwarae.

Dewis yr wyf ar ungair
Dyddgu i'w charu, o chair.

DAFYDD AP GWILYM

YR ENETH GADD EI GWRTHOD

Ar lan hen afon Ddyfrdwy ddofn
Eisteddai glân forwynig,
Gan ddistaw sisial wrthi'i hun,
'Gadawyd fi yn unig;
Heb gâr na chyfaill yn y byd
Na chartref chwaith fynd iddo,
Drws tŷ fy nhad sydd wedi'i gloi,
Rwy'n wrthodedig heno.

Mae byw gwaradwydd ar fy ôl
Yn nodi fy ngwendidau,
A llanw 'mywyd wedi'i droi
A'i gladdu dan y tonnau;
Ar allor chwant aberthwyd fi,
Do, collais fy morwyndod,
A dyna'r achos pam yr wyf
Fi heno wedi 'ngwrthod.

Ti frithyll bach sy'n chwarae'n llon
Yn nyfroedd glân yr afon,
Mae gennyt ti gyfeillion fyrdd
A noddfa rhag gelynion;
Cei fyw a marw dan y dŵr
Heb undyn dy adnabod,
O! na chawn innau fel tydi
Gael marw ac yna darfod.

Ond hedeg mae fy meddwl prudd
I fyd sydd eto i ddyfod,
A chofia dithau, fradwr tost,
Rhaid iti 'y nghyfarfod;
Ond meddwl am dy enw di
A byw sydd imi'n ormod,
O! afon ddofn, derbynia fi,
Caf wely ar dy waelod.'

Y bore trannoeth cafwyd hi
Yn nyfroedd oer yr afon,
A darn o bapur yn ei llaw
Ac arno'r ymadroddion –
'Gwnewch imi fedd mewn unig fan,
Na chodwch faen na chofnod,
I nodi'r fan lle gorwedd llwch
Yr encth gadd ei gwrthod.'

TRADDODIADOL

TWLL BACH Y CLO

Roedd cap nos o eira ar gopa pob bryn,
A'r rhew wedi gwydro pob ffos, dŵr a llyn,
Roedd Gwenno'n gwau hosan wrth olau tân glo,
A Huwcyn oedd yn sbecian trwy dwll bach y clo.

Y gath oedd yn gorwedd yn dorch ar y mat,
A'r tad yn pesychu wrth smocio ei gat,
Y fam oedd yn ffraeo fel dynes o'i cho',
A Huwcyn oedd yn clywed trwy dwll bach y clo.

Y fam oedd yn synnu fod Gwenno mewn gwanc,
Mor wirion â charu rhyw leban o lanc;
A Huwcyn yn gwybod mai hwnnw oedd o,
A'i galon fach yn crynu wrth dwll bach y clo.

Y tad aeth i fyny i'r llofft oedd uwch ben,
A'r fam roes agoriad y drws dan ei phen,
Ond Gwenno arhosodd i 'nuddo'r tân glo,
A disgwyl am lythyr trwy dwll bach y clo.

Roedd sŵn y dylluan fel bwgan mewn coed,
A'r ci bach yn cyfarth wrth glywed sŵn troed,
A Huwcyn yn dianc fel lleidr ar ffo
'Rôl dwedyd gair yn ddistaw trwy dwll bach y clo.

A chyn pen dwy flynedd 'roedd Gwen Jôs yn wraig,
A Huw Jôs yn hwsmon i Ffowc Tan-y-graig,
A chanddynt un plentyn, y glana'n y fro,
Ac arno fan-cyn-geni, llun twll bach y clo!

TRADDODIADOL

TRA BO DAU

Mae'r hon a gâr fy nghalon i
Ymhell oddi yma'n byw,
A hiraeth am ei gweled hi
A'm gwnaeth yn llwyd fy lliw;
Mil harddach yw y deg ei llun
Na gwrid y wawr i mi,
A thrysor mwy yw serch fy mun
Na chyfoeth byd a'i fri.

Os claf o serch yw 'nghalon i,
Gobeithio 'i bod hi'n iach;
Rwy'n caru'r tir lle cerddo hi
Dan wraidd fy nghalon fach;
O'r dewis hardd ddewisais i
Oedd dewis lodes lân,
A chyn bydd 'difar gennyf i
O, rhewi wnaiff y tân.

Cyfoeth, nid yw ond oferedd,
Glendid, nid yw yn parhau,
Ond cariad pur sydd fel y dur,
Yn para, tra bo dau.

TRADDODIADOL

MAE ROBIN YN SWIL

Mae Robin fy nghariad yn lliwgar a glân,
Ei foch fel y rhosyn a'i wallt fel y frân;
Mae Robin yn wisgi ac ysgafn ei droed,
Efô yw'r anwylaf a welais erioed;
  Ond mae Robin yn swil,
  Mae Robin yn swil,
Mae'n ofid i 'nghalon fod Robin yn swil.

Bydd Robin yn barod y gaeaf a'r haf
I'm nôl ac i'm hanfon ble bynnag yr af,
Heb ofyn am gusan rhag ofn ei nacáu,
A minnau'n hiraethu am roi iddo ddau;
  Ond mae Robin yn swil,
  Mae Robin yn swil,
Mae'n ofid i 'nghalon fod Robin yn swil.

Mae serch yn tywynnu o'i wyneb a'i wên,
Er hyn mae'n rhy wylaidd i agor ei ên
I gynnig ei gariad yn hoffus i mi,
I ddweud 'Mari annwyl, fy nghalon wyt ti',
  Ond mae Robin yn swil,
  Mae Robin yn swil,
Mae'n ofid i 'nghalon fod Robin yn swil.

Os daw o ryw ddiwrnod rhwng hoffter a braw
I ddweud yn serchglwyfus gan wasgu fy llaw,
'A gawn ni briodi, O! Mari, fy mun?'
'Cawn, cawn Robin annwyl, os mynni, dydd Llun!'
  Bydd Robin yn ddyn,
  Bydd Robin yn ddyn,
O! iechyd i'w galon, bydd Robin yn ddyn.

TALHAIARN

FEL LLONG

Y mae fy nghariad fel llong;
Serch yw'r gwynt yn ei hwyliau hi,
Uchel a dwfn yw'r môr amdani,
Pryderon ac ofn yw'r môr amdani,
Ond serch yw'r gwynt yn ei hwyliau hi.

T. GLYNNE DAVIES

SONEDAU I JANICE (VIII)

Ni roed i ni erioed fod ar wahân:
Os blodyn wyf, wyt heulwen fy mhetalau;
Os perllan wyt, wyf filoedd o afalau;
Os seren wyf, ti yw'r goleuni glân.

Os ti yw'r storm, dy fellten ydwyf fi;
Os cytsain wyt mewn gair, fi yw'r llafariad;
Fy mhutain wyt; wyt imi'n chwaer a chariad;
Os traeth wyf finnau, tonnau ydwyt ti.

Pan fyddi di yn hwylio'n fy nhawelwch
Dy alarch di, ei adlewyrchiad wyf;
Fi sy'n dy ymgeleddu yn dy glwyf,
Ac yn dy galon mae fy niogelwch.

Dy falm, dy fyd, dy fywyd ydwyf fi;
Fy myd, fy mywyd hefyd, ydwyt ti.

ALAN LLWYD

GWRID

Nid glas y môr yn troi yn win
Pan wawriai'r haul ar arall fyd,
Na'r brodwaith coch ar wynder ffril
Y llygad dydd
A welais i,
Ond
Rhyw fodlonrwydd mawr yn torri'n gân,
A honno'n wyrth o liw ar dân
Dan groen ei gruddiau hi.

E. GWYNDAF EVANS

YR EIRA AR Y COED

Melfed ddistawrwydd hwyrol
  Fel llen ar ddrama'n cau
Nes rhannu'r byd synhwyrol
  A llwyfan serch yn ddau:
A'r brigau heb sŵn awel,
  A'r eira heb sŵn troed,
Cusanodd fi mor dawel
  Â'r eira ar y coed.

Clod i'r ystormydd nwydus
  Sy'n troelli'r eira'n lluwch,
A'r gwynt yn gyrch arswydus
  Yn rhuthro'n uwch ac uwch;
Ond wedi i'r angerdd dreiglo
  Daw saib hyfryta' erioed
Pryd na bydd chwa i siglo
  Yr eira ar y coed.

Clod i'r ystorm o garu
  Sy'n lluwchio nwydau'r fron;
Ni wn i edifaru
  Erioed am angerdd hon.
Ond wedi'r iasau hirion
  Yn f'enaid byth arhoed
Atgof un cusan tirion
  Fel eira ar y coed.

CYNAN

TAFARN Y RHOS

Fel roeddwn i'n dyfod o Dafarn y Rhos,
Myfi a'm cwmpeini am getyn o'r nos,
Yn dyfod 'sha chartre, 'sha thre at fy ngwraig,
Mi gefais i dafod mewn geiriau Cymraeg.

O! coda, Gwen, coda ac agor y ddôr,
Mae yna'n lled gynnes, mae yma'n lled ô'r,
A'r to yn diferu, dip dap, am fy mhen,
Gwn, gwn na ddymunech ddim drwg i mi, Gwen.

'O! na wna, o na wna, a choelia fy ngair;
Dy le di sy' deilwng mewn towlad o wair;
A phob sotyn meddw 'run fath â thydi,
Yn gwario pob ceiniog heb gownt am dy dŷ.'

O! coda, Gwen, coda ac agor i mi;
Mae gen i ffon gollen neu ddwy yn y tŷ,
Os na chaf i'r rheiny, caf bolyn clawdd gardd –
Fe'i plygaf yn ddwbwl yn gro's i dy war.

'O! coda', 'ngŵr annwyl, mi godaf ar ffrwst;
Breuddwydio 'rown 'smeityn, a dweud trwy fy nghwsg,
Gan daflu'r cwerylon, nas gwn i pa le –
Mae'r tegell yn berwi, O! dowch i gael te.'

Cyd-eistedd a wnaethom o amgylch y bwrdd,
Ein gofid a'n helynt, hedasant i ffwrdd;
Cyfamod a wnaethom i fyw yn gytûn,
I garu ein gilydd – dwy galon yn un.

TRADDODIADOL

MOLIANT MERCH

Fy nghalon i sydd
Yn danfon bob dydd
At flode brig tansi, lon ffansi, lawn ffydd;
Mor bêr yw dy bryd,
Â rhos ar lan rhyd,
Neu lafant neu lili, 'n deg bwysi i'r byd;
Dy gusan di-gêl,
Yw'r mwsg ar y mêl,
Cnewyllyn dy ddeufin i'm dilyn y dêl;
Mwy braint a mwy bri
Cael ymwasgu â th'di
Na chyweth brenhinieth, gwen eneth, gen i!

Nid ydyw da'r byd
A'i hyder o hyd,
I wŷr ac i wragedd ond gwagedd i gyd;
Mawr serch a hir sai',
Da drysor di-drai,
Yn hwy o flynyddoedd na thiroedd a thai.
Cei draserch heb droi,
A chalon i'w chloi,
Os wyt ti, f'anwylyd, yn dwedyd y doi;
Os tynni di'n groes,
Mae'n berygl am f'oes;
O gariad, dwys drawiad, ym'dawiad nid oes.

Rhag clywed pob gradd
Yn lliwied fy lladd,
Gan ddwedyd – "Gwae honno, er ceiso, a'i nacâdd!"
Moes gusan, moes gael.
Mwyn eiriau, main ael,
A phardwn a phurdeb dy wyneb di-wael;
Moes galon lwys lawn
Car'digrwydd a dawn,
Tiriondeb, ffyddlondeb, uniondeb a wnawn;
Ystyria, moes di,
Lliw'r ewyn o'r lli',
Drugaredd gyfanedd, M.waredd i mi.

HUW MORYS

PAID Â GOFYN, FY MAB

Paid â gofyn, fy mab, yn dy bedwar haf
o ble y daethost;
mae hynny mor hawdd â rhoi dy law ar fol dy fam.
Gofyn, yn hytrach, paham y daethost;
paham,
    yn rhyferthwy gwyllt y gwely,
    yn storom y clustogau,
        y digwyddaist;
paham,
    yn wlyb ar weflau,
    yn boethder coeth mewn cusan,
        y dihengaist.
Paid â gofyn o ble ond paham.

Gorwedd, fy mab yn dy gorff cyfan,
a dos i'r byd sy'n blu
yng ngobennydd dy freuddwydion bach –
lle mae plant yn iach,
    lle mae bywyd yn felysion ar y llwyni llawn,
        lle mae dydd yn chwarae a chwrso difyr y defaid,
            lle mae'r
deffro braf yn arbed y brifo.
Cwsg, fy mab, yn dy gorff cyfan.

Paid â gofyn, fy mab, yn dy bedwar gaeaf,
paham nad yw'r byd
a weli yn teledu'i boen
'run fath â'r wlad sy'n foethus
dan amrannau gwyn y lloer gynnes
sy'n hongian ar dy ffenest.
Paid â gofyn yn dy gwsg.

DAFYDD ROWLANDS

Y DERYN DU

Y deryn du a'i blufyn sidan,
A'i big aur, a'i dafod arian,
A ei di drosta' i i Gydweli,
I sbio hynt y ferch rwy'n garu?

Un, dau tri pheth sydd anodd imi,
Sef rhifo'r sêr pan fo hi'n rhewi,
A dodi'n llaw i dwtsh â'r lleuad,
A gwybod meddwl f'annwyl gariad.

Llawn iawn yw'r môr o swnd a chregyn
Llawn iawn yw'r wy o wyn a melyn,
Llawn iawn yw'r ardd o goed a blode,
Llawn iawn o gariad ydw inne'.

TRADDODIADOL

Y GWYLANOD

Rhodio glan y môr yr oeddwn,
  Meddwl fyth amdanat ti;
Hedai cwmwl o wylanod
  Buain llwyd uwchben y lli.

Troelli'n ebrwydd ar yr adain
  Wnaeth yr adar llwyd-ddu hyn;
Yn y fan, yng ngolau'r heulwen,
  Gwelir hwynt yn ddisglair wyn.

Bu fy nyddiau gynt yn llwydaidd,
  A heb lewych yn y byd;
Twynnodd gwawl dy gariad arnynt –
  Gwyn a golau ŷnt i gyd.

JOHN MORRIS-JONES

Y FFLAM

Carafán goch a milgi brych
A chaseg gloff yng nghysgod gwrych:
A merch yn dawnsio i ysgafn gân
A chrwth ei chariad yng ngolau'r tân.

Cyfyd y tân ei wenfflam fry
Fel braich am wddf y crochan du;
A'r Sipsi tal a rydd dan sêl
Ei lw o serch ar fin o fêl.

Dros ael y bryn y dring y lloer,
Mae'r tân yn awr fel hithau'n oer;
Angerdd pob fflam, a thân pob nwyd,
A dry'n ei dro yn lludw llwyd.

I. D. HOOSON

DYCHWELYD

Bûm ifanc yn caru. Mae cariad
Yn lladd byd o bobl ar drawiad:
Does neb yn bod ond fy nghariad.

Mae myrdd goleuadau'r cread
Yn diffodd yn rhin yr eiliad:
Does na haul na lloer ond fy nghariad.

Weithian mi wn anobeithio.
Anobaith, anobaith, mae'n chwalu pob bod
Yn ulw â'i gnulio.

SAUNDERS LEWIS

DUN NA NGALL
(Hydref 1980)

Enfys y gorllewinfor – anwesai
  Ynysoedd y goror
 Un noswaith berffaith, borffor
 A thi a mi wrth y môr.

GERAINT BOWEN

MELYN

Melyn
yw eithin
yn brathu'r glesni ar gloddiau Llŷn,
neu'n gorongylch o fendith lleuad
uwch ysgub y naw nos olau.

Melyn, melyn
yr ofergoel hen
a ddaliai'r dyfodol am eiliad
yn flodyn menyn
a'i ias o liw o dan fy ngên.

A chyn noswylio –
yn ddinas neon
a ddawnsiai'n gellweirus am ennyd
yn huddugl y simne yn yr hen le tân.

Melyn oedd menyn Mam.

Cwmwl melyn
oedd Meinir yn yr oriau mân
ar sgwâr Caerfyrddin,
ar eiliad ddiedifar yn hanes fy ngwlad,
pan blethodd ei breichiau
a'i thresi o aur am wddf ei thad.

Ac i ti –
y fodrwy sydd bellach, fel finnau,
yn rhan o'th gnawd,
fel adduned bregus o'm cariad i.

GWYN ERFYL

CAER BWLCH-Y-CLAWDD

O fewn i furiau'r gaer carasom ni,
gylch ynghylch.
Ar ymchwydd y borfa lom
bwriet fel bwa tynn
saethau dy gariad fry:
safent fel cyllyll yn fy llygaid i.

A'r mynydd crwn,
haen am haen,
a'i groen o entrych glas,
yn troi fel olwyn Gatrin fawr
yn unigeddau gwag y dydd gwyn.

Priodol, efallai, fuasai'n gosod ni
yng nghylchoedd llydan y lloer a'r haul,
a'n dathlu yno gyda'r llu chwedlonol.
Hero, Leandrys, Tristan, Esyllt, Siôn a Siân.
Ond nis mynsem hi.
Roedd clawdd y gaer o'n cylch
yn cau amdanom dwt derfynau dyn,
ein hoelio yno ar darian Brython
yn ddarn o ysbail amser.

Gogoneddus oedd geometri'r mynydd crwn,
gylch ynghylch,
a than belen haul
a pharasôl yr wybren las,
y mud ymdreiddio:
gwelwn y sêr ym mhydew dwfn dy lygaid di,
ac yfory'n troi yn rhod y cnawd.

GARETH ALBAN DAVIES

BE WNA I

Beth wna i ysgwn i
pan na fyddi di,
pan na fyddi di
a minnau'n dal ar ôl
yn weddw.
Fy nghalon yn hen ddant llidus
a'i wreiddiau'n ddwfn
yng nghnawd briwedig
yr enaid,
a'r fodrwy ar fy mys
yn efyn haearn trwm?

A fydd perseiniau esmwyth, hudolus
y Beibl
yn gysur i mi?
A fydd breichiau ei eiriau
yn fy lapio'n dynn,
a bysedd ei sillafau
yn anwylo gofidiau'r dydd?

A fydd cariad fy mhlant
yn fy nghynhesu,
a chyfeillion a sgwrs,
a rhyw bwyllgor neu ddau
yn llanw fy myd?
A fydda i'n gallu byw hebot ti?
A fydda i'n gallu troi fy nghefn ysgwn i
ar yr ysfa
i'th ddilyn di?

Beth wna i ysgwn i
pan na fyddi di,
pan na fyddi di?

LONA LLYWELYN DAVIES

LLIWIAU

Sedd gefn y bws:
A minnau'n las o ifanc a gwyn pur
Yn ceisio deall techneg cusan,
Un mlynedd ar ddeg werdd
Fel dail cynta'r haf
Y tu ôl i mi,
A blynyddoedd o ddygymod â bechgyn
O'm blaen.

Daeth munud y croesi petrus
I brofiad arall
Ger fy mron ddilychwin, wych,
A gwawriodd eiliad cyffro'r ceisio cyntaf
Yn nhywyllwch cynnar noson o Dachwedd.
Syrthio i'r dwfn;
Heb gydio llaw,
Heb gosi gên,
Heb rwbio clust na chefn,
Yn ddiharmoni, gordiog,
A rhythm byrbwyll, anrhythmig dim byd
Yn sail i agoriad llygad rhyfedd
Y darganfod;
A ninnau'n chwerthin
Yn blentynnaidd, ddiniwed,
A direidus
Er parddu'r nos.
Yn mwynhau'r foment bontiog
Yn sawru'r anghyfarwydd,
Yn nerfus, betrus, ymchwilgar,
Ar sedd gefn y bws.

LLEUCU MORGAN

CAWOD EIRA

Hanner awr ar gornel glyd y bar,
Un neu ddau â'u llygaid braidd yn sgwâr,
Roeddwn innau wedi cael fy siâr
Pan hwyliodd hi i mewn i 'mywyd i;

Pluen eira'n chwarae' 'ngolau'r nos,
Roedd ei chwerthin yn ei gwneud hi'n dlos,
Torri gair, a minnau'n tynnu stôl,
A hithau'n tynnu 'nghalon ar ei hôl.

Dim ond cawod eira ar ddechrau Mawrth oedd hyn,
Ond wedi iddi ddisgyn yr oedd fy myd yn wyn;
Daw eto wynt y meiriol a'r gwanwyn ddaw i'n cwrdd
Ond mi fydda i'n dal i wylio ôl ei thraed yn cerdded i ffwrdd.

Wyddwn i ddim, wrth bwyso ar y pren,
Y medrwn innau eto golli 'mhen,
Wyddwn i ddim ei bod hi'n noson wen,
Nes hwyliodd hi i mewn i 'mywyd i;

Dim ond cawod eira, ond mae'n newid byd,
Mae'n wynnach nag y bu ers dwn i'm pryd,
Trio ei hanghofio, ond i be?
Mi roth hi ar y ddaear ddarn o'r ne'.

Cau y bar a cholli'i chwmni hi,
Criwiau'n chwalu fesul dau neu dri,
Gadael gwên a geiriau gyda mi,
A hwyliodd hi i ffwrdd o 'mywyd i.

MYRDDIN AP DAFYDD

TORRI CALON

Dod dy law, on'd wyt yn coelio,
Dan fy mron, a gwylia 'mrifo;
Ti gei glywed, os gwrandewi,
Sŵn y galon fach yn torri.

O f'anwylyd, cyfod frwynen,
Ac ymafael yn ei deupen,
Yn ei hanner tor hi'n union
Fel y torraist ti fy nghalon.

TRADDODIADOL

DACW DIR Y TADAU

Dacw dir y tadau gynt
a gwenith cariad yn y gwynt
dwi'n sefyll yma ar y bryn
yn meddwl am y pethau hyn.

O myn Dewi mae hi'n dywydd
mae'r gwynt yn oer oddi ar y mynydd
ond waeth be' ddwêd y byd amdanaf i
mae dy gôt di'n glyd amdanaf i.

Gad dy dad a gad dy frodyr
gad y caeau'n llawn o lafur
gad y cŵn a gad y gwartheg
a ty'd di ataf i dan redeg.

Mae 'na botel ar y bwrdd
ond mae'n well na gwin pan mae'n cega' ni'n cwrdd
ac ar y gwely mawr digwilydd
mi ddown adra efo'n gilydd.

Hira'n byd y bydd dyn byw
mwya'n byd 'welith o, mwya'n byd 'glyw
ac i be'r a' i i foddi yng ngwin America
mae fan hyn i mi'n America.

TWM MORYS

I MARGED

Ni chenais iti gerdd ers dyddiau gwyn
ein gorwedd rhwyfus ar welyau'r allt,
pan oedd y blodau'n garthen ar y bryn,
a'r gwair yn glustog o dan wefr dy wallt.
Ni luniais iti gân am fod ein byd,
wrth drefnu cartref ac wrth fagu plant,
yn gymhleth gan ofidiau ar y cyd
wrth hel dodrefnyn ac wrth dynnu dant.
Ond paid â meddwl yn dy ganol-oed,
er na fu'r holl serchiadau yn ddi-nam,
taw marw wnaeth y cyffro yn y coed,
mai diffodd ar yr aelwyd wnaeth y fflam.
Mae'n rhaid dy fod yn gwybod erbyn hyn
nad oera fyth hen wres y dyddiau gwyn.

DAFYDD ROWLANDS

EILIW HAUL

Eiliw haul ar loywa' heli,
  Eilun nwyd fy nghalon i,
O, f'anwylyd, tyn fy nwylo
  I'th eiddilwyn ddwylo di.

F'annwyl, agor d'addfwyn lygaid
  Gloywaf fel y gwelwyf i
I oludoedd cêl waelodion
  Glân a dwfn dy galon di.

Gwylia dithau, gwêl hyd eithaf
  Eigion fy ngolygon i,
Yno gweli dân y galon
  Lanwyd â'th oleuni di.

Dof yn ôl i dŷ f'anwylyd,
  Heriwn wlad a nofiwn li,
Heb un ing wynebwn angau
  Mal y down i'th ymyl di!

T. GWYNN JONES

TRAFFERTH MEWN TAFARN

Deuthum i ddinas dethol,
A'm hardd wreangyn i'm hôl.
Cain hoywdraul, lle cwyn hydrum,
Cymryd, balch o febyd fûm,
Llety urddedig ddigawn
Cyffredin, a gwin a gawn.

Canfod rhiain addfeindeg
Yn y tŷ, mau enaid teg.
Bwrw yn llwyr, liw haul dwyrain,
Fy mryd ar wyn fy myd main.
Prynu rhost, nid er bostiaw,
A gwin drud, mi a gwen draw.
Gwarwy a gâr gwŷr ieuainc –
Galw ar fun, ddyn gŵyl, i'r fainc.
Hustyng, bûm ŵr hy astud,
Dioer yw hyn, deuair o hud;
Gwneuthur, ni bu segur serch,
Amod dyfod at hoywferch
Pan elai y minteioedd
I gysgu; bun aelddu oedd.

Wedi cysgu, tru tremyn,
O bawb eithr myfi a bun,
Profais yn hyfedr fedru
Ar wely'r ferch; alar fu.
Cefais, pan soniais yna,
Gwymp dig, nid oedd gampau da;
Haws codi, drygioni drud,
Yn drwsgl nog yn dra esgud.
Trewais, ni neidiais yn iach,
Y grimog, a gwae'r omach,

Wrth ystlys, ar waith ostler,
Ystôl groch ffôl, goruwch ffêr.
Dyfod, bu chwedl edifar,
I fyny, Cymry a'm câr,
Trewais, drwg fydd tra awydd,
Lle y'm rhoed, heb un llam rhwydd,
Mynych dwyll amwyll ymwrdd,
Fy nhalcen wrth ben y bwrdd,
Lle 'dd oedd gawg yrhawg yn rhydd
A llafar badell efydd.
Syrthio o'r bwrdd, dragwrdd drefn,
A'r ddeudrestl a'r holl ddodrefn;
Rhoi diasbad o'r badell
I'm hôl, fo'i clywid ymhell;
Gweiddi, gŵr gorawg oeddwn,
O'r cawg, a'm cyfarth o'r cŵn.

Yr oedd gerllaw muroedd mawr
Drisais mewn gwely drewsawr,
Yn trafferth am eu triphac –
Hicyn a Siencyn a Siac.
Syganai'r gwas soeg enau,
Araith oedd ddig, wrth y ddau:

'Mae Cymro, taer gyffro twyll,
Yn rhodio yma'n rhydwyll;
Lleidr yw ef, os goddefwn,
'Mogelwch, cedwch rhag hwn.'

Codi o'r ostler niferoedd
I gyd, a chwedl dybryd oedd.
Gygus oeddynt i'm gogylch
Yn chwilio i'm ceisio i'm cylch;
A minnau, hagr wyniau hyll,
Yn tewi yn y tywyll.

Gweddïais, nid gwedd eofn,
Dan gêl, megis dyn ag ofn;
Ac o nerth gweddi gerth gu,
Ac o ras y gwir Iesu,
Cael i minnau, cwlm anun,
Heb sâl, fy henwal fy hun.
Dihengais i, da wng saint,
I Dduw'r archaf faddeuaint.

DAFYDD AP GWILYM

LLEUCU LLWYD

O rwy'n cofio cwrdd â thi,
ac rwy'n cofio'r glaw,
ydy'r eos yn y goedwig?
Ydy'r blodau yn y maes gerllaw?
Yn yr afon mae cyfrinach
dy gusan gyntaf di;
yn y goedwig mae y blodau yn siffrwd dy enw di.

O, mae'r oriau mân yn pasio
fel eiliadau ar adain y gwynt.
O, gorweddaf ar fy ngwely:
efallai daw'r freuddwyd ynghynt.
O, mae rhywun yn agosáu;
Mi glywaf wichian y glwyd,
ac rwy'n nabod sŵn yr esgid –
mae'n perthyn i Lleucu Llwyd

Lleucu Llwyd, rwyt ti'n hardd,
Lleucu Llwyd, rwyt ti'n werth y byd i mi;
Lleucu Llwyd, rwyt ti'n angel,
Lleucu Llwyd, rwy'n dy garu di, di, di.

DEWI PWS MORRIS

CYD-FYW

Cyd-fyw ydi
gwybod pryd i dewi
a mynd i gysgu –
gweithio saig arallfydol
a hynny ynghanol
syrffed.
Cyd-fyw ydi –
os wy'n golchi, ti sy'n smwddio;
un i ddwstio, llall i arddio;
darllen areithiau yn feirniadol,
gwrando ar gerddi anniddorol!
Cyd-fyw ydi
sarnu coffi ar draws y gwely;
gwylio'r ffilm hwyrol ar y teledu:
cyd-fyw ydi
chwilio drwy'r tŷ am dei ar frys;
cael gyda'r plismon rhyw dipyn o wŷs:
cyd-fyw ydi
gwybod am gaethiwed ac am ryddid:
gwybod am adfyd heb golli gwyddfid.
Cyd-fyw ydi –
cyd fyw ydi cyd-fyw –
ac mae e'n grêt!

MENNA ELFYN

CHWECHAWDAU

Wyt ti wedi sylwi
sut mae trên yn gyrru'n
syth i ganol dinas

yn torri corneli'n
diystyru strydoedd
yn union i'r canol

fel gwyfyn at gannwyll
fel trên dw isio gyrru'n
syth i'th galon di.

IWAN LLWYD

A GWN FOD POPETH YN IAWN

Ai am fod haul yn machlud
Mae deigryn yn llosgi fy ngrudd?
Neu ai am fod nos yn bygwth
Rhoi terfyn ar antur y dydd?
Neu ai am fod côr y goedwig
Yn distewi a mynd yn fud?
Neu ai am i rywun fy ngadael
Rwyf innau mor unig fy myd?

Ai am fod golau'r lleuad
Yn oer ar ruddiau'r nos?
Neu ai am fod oerwynt gerwin
Yn cwyno uwch manwellt y rhos?
Neu ai am fod cri'r gylfinir
Yn distewi a mynd yn fud?
Neu ai am i rywun fy ngadael
Rwyf innau mor dywyll fy myd?

Ond os yw yr haul wedi machlud
Mae gobaith yng ngolau'r lloer,
A chysgod yn nwfn y cysgodion
I'm cadw rhag y gwyntoedd oer,
Ac os aeth cri'r gylfinir
Yn un â'r distawrwydd mawr,
Mi wn y daw rhywun i gadw
Yr oed cyn toriad y wawr.

DAFYDD IWAN

WYLAF FIL O DDAGRAU

I gofio Glenys o'r 'Pelydrau'

Wyt ti'n cofio troed yr allt, heulwen gwanwyn yn dy wallt,
Wyt ti'n cofio'r geiriau distaw ddwedaist ti?
Dilyn llwybr pen y bryn, cân yr adar yn yr ynn,
Wyt ti'n cofio'r gusan gyntaf gawsom ni?

Mynd am dro hyd lan y llyn, cydio llaw a gwasgu'n dynn,
Nid oedd neb ond ti a minnau yn y byd;
Dim ond cwmni mab a merch, ninnau ym mharadwys serch,
Ond cuddiodd cwmwl amser hyn i gyd.

Trodd y gwanwyn, do, yn haf, daeth i ben y dyddiau braf,
Daeth yr hydref i ddwyn dail o goed y fro;
Aethost tithau gyda'r dail, ni welaf mwy dy wên ddi-ail,
Ni ddaw neb i'm tywys mwy hyd lwybrau serch.

Cytgan: Wylaf un, mi wylaf ddwy, wylaf dair, mi wylaf fwy,
Wylaf fil o ddagrau hallt o'th golli di.

DAFYDD IWAN

CÂN I'M CARIAD

Nid caru'r wyf dy lygaid byw
Lliw asur Ebrill nen,
Nid caru'r esmwyth ruddiau glân
Nac efydd gwallt dy ben.

Can's gwelais dlysni yn y wawr
A maith gymylau'r nos,
Ym mhurdeb dwfn rhosynnau'r haf
A gwynlliw lili dlos.

Ond pan ddaw'r wawr drwy lenni llwyd
A'r wybren oll yn ddu,
A'r lili wen a'r rhosyn coch
Yng nghyfnos dyddiau fu,

Bydd eto dân i'th ddwyfron di,
Tynerwch yn dy law,
Yn nerth i'm calon egwan i,
Yn ffydd yn nyddiau braw.

HARRI GWYNN

I'M HANWYLYD

Trwy ddirgel ffyrdd
Fe ddaethost ti
Fel iâr fach yr haf
I'm bywyd i.

Yn sgil yr awel
A'n chwythodd ynghyd
Daeth newydd lawenydd
I'n dau fyd.

Fel gwres Gorffennaf
Ar stodau'r gwair
Yw sensitifrwydd
Y deall di-air.

'Does rwymyn anwylach
Mewn unrhyw stad
Na hen naturioldeb
Cefn gwlad.

Dy wyneb a'th gorff
Yn dlws fel y maent
Ac i'th berson yr harddwch
Sy'n ddyfnach na phaent.

Curiad calon
Yn dy eiriau serch
Ac agos gynhesrwydd
Y ddethol ferch.

A phwy yn wir
Drwy'r cread crwn
A allai wrthsefyll
Y cariad hwn?

★ ★ ★

Ni fedraf esbonio dyfnder fy serch
Atat ti, fy nigymar ferch.

Mae tinc dy lais a'th lygaid glas,
Dy wyneb a'th gorff yn peri ias.

Ond mae rhywbeth mwy na'th brydferthwch di
Yn dal i rwydo fy nghalon i.

Cadwyn cyd-ddeall sy rhyngom ein dau
A'r cyntaf gynhesrwydd yn mynnu parhau.

'Rwy'n dy garu'n fwy nag un ferch yn y byd,
Ni alla' i ragor, a dyna i gyd.

JOHN RODERICK REES

TITRWM TATRWM

Titrwm, tatrwm, Gwen lliw'r wy,
Lliw'r meillion mwy rwy'n curo,
Mae'r gwynt yn oer oddiar y llyn
O flodyn y dyffryn deffro.
Chwyth y tân, mi gynnith toc,
Mae hi'n ddrycinog heno.

Pan ymhell o'm gwlad yr af
Pa beth a wnaf â'm geneth?
Pa 'run ai mynd â hi efo mi
Ai gadael hi mewn hiraeth?
Hed fy nghalon o bob man
I fryniau a phantiau Pentraeth.

Weithiau'n Llundain, weithiau yng Nghaer
Yn gweithio'n daer amdani,
Weithiau yn gwasgu fy mun mewn cell
Ac weithiau ymhell oddi wrthi:
Mi gofleidiwn flodau'r rhos
Pe bawn i'n agos ati.

ANHYSBYS

RHYWUN ADWAENWN GYNT

Peth hynod dorcalonnus
yw bod yn 'rhywun adwaenwn gynt',
yn hen gân serch a glywir o bell
ac yn brofiad darfodedig
yng ngorffennol rhywun tyner
fu'n gywely imi unwaith
a chyd-enaid,
ond sy'n ddieithr imi erbyn hyn.

Aeth hanes dau yn ddau hanes:
rwy'n dusw o ddyddiau glawog a heulog
ac yn ddyrnaid o hen lythyron
yn hanes rhywun adwaenwn gynt.

STEVE EAVES,

MYNEGAI I LINELLAU CYNTAF Y CERDDI